Kathrin Dardel

Kreatives Papierschöpfen

Kathrin Dardel

Kreatives Papierschöpfen

Pflanzenpapiere • Recyclingpapiere • Farbige Papiere

2., unveränderte Auflage

Verlag Paul Haupt
Bern • Stuttgart • Wien

Fotografien: Heinz Studer, CH-Bern

1. Auflage: 1994

Die Deutsche Bibliothek – CIP-Einheitsaufnahme

Kreatives Papierschöpfen:
Pflanzenpapiere, Recyclingpapiere, farbige Papiere /
Kathrin Dardel. [Fotogr.: Heinz Studer] –
2., unveränd. Aufl. –
Bern ; Stuttgart ; Wien : Haupt, 1998
ISBN 3-258-05746-X

Inhalt

Vorwort

Eine Welt ohne Papier, ein Leben ohne Papier, wer kann sich das ausdenken? Papier ist zu einem Lebenselixier geworden. Ohne Papier geht nichts. Das Geheimnis des Papiers liegt in der Banalität seines Rohstoffes und im ungeheuren Reichtum seines Anwendungsbereiches. Die «Gewichtigkeit» des Papiers kommt etwa darin zum Ausdruck, dass in einer Industrienation pro Woche rund 3 Kilogramm pro Kopf davon verbraucht werden und dass fortgesetzt riesige Waldpartien abgeholzt werden, um eine konsumhungrige Gesellschaft mit allerlei Nötigem oder Unnötigem zu versorgen.

Neben dem quantitativen, aus ökologischer Sicht wohl auch oft mehr als zweifelhaften Aspekt, gibt es den kulturellen. Papier ist nicht einfach Konsumentenfutter, sondern auch ein hochbedeutsamer Kulturträger. Dieses Prädikat sei nicht nur dem kreativen Papierschöpfen, sondern durchaus auch einem grossen Teil der industriellen Papierherstellung zugesprochen. Bis vor noch nicht langer Zeit galt Papier als der wichtigste Informationsträger, der erst in den letzten Jahren und Jahrzehnten ernsthafte Konkurrenz durch elektronische Medien erfährt.

Entscheidendes Kriterium dürfte sowohl bei der kunsthandwerklichen wie auch bei der industriellen Papierherstellung das Bemühen um saubere Form, gute Funktionalität, um Gestaltungswillen und materialgerechten Gebrauch sein, und als Wirkung müsste sich das Gefühl des Gefälligen, des Spannenden und Überzeugenden einstellen. Für die industrielle Fertigung steht die Produktivität im Vordergrund, beim Handschöpfen liegt das Schwergewicht auf dem Kreativen oder auf dem Erlebniswert des Schöpfvorganges. Handschöpfen ist das Tun eines Individuums, eines Subjektes, industrielle Herstellung ist ein objektivierter Vorgang mit wenig kreativem Anteil.

Diese Einführung ins Papierschöpfen basiert auf meinem eigenen Experimentieren, wobei weder berufliche Bedingtheiten noch irgendwelche materielle Absichten eine Rolle spielten. So wie ich bei Ton oder bei Steinen den Anreiz fand, den Eigenheiten dieser Materialien nachzugehen und deren Formungsmöglichkeiten zu erforschen und zu erproben, so habe ich mich intensiv auf Papiersubstanzen eingelassen und mich – wen wundert es? – von der Papierwelt faszinieren lassen. Immer wieder aufs einfache Papierstück zurückkommend, bin ich auf dem «Papierweg» zum Papierbild und von dort zum Papier-Objekt vorangeschritten.

Meine besondere Vorliebe gilt dem Pflanzenpapier. Ich experimentiere mit immer wieder neuen Rohmaterialien und lasse mich dabei vom Überraschungseffekt der Struktur und Farbe des geschöpften Papiers faszinieren. Dem Arbeiten mit Pflanzen und natürlichen Materialien wird daher in diesem Buch ein besonderes Gewicht eingeräumt.

Die grosse Lust und Freude an der Papierkunst möchte ich mit diesem Buch an andere weitergeben. Es sollen Wege aufgezeigt und das nötige Basiswissen vermittelt werden, damit Anfängerinnen und Anfänger ihre ersten eigenen Papiere schöpfen können. Dieses Buch will aber auch denjenigen Anregungen und Ideen geben, die ihre ersten Erfahrungen bereits gemacht haben und auf der Suche nach neuen Inspirationsquellen für das eigene kreative Schaffen sind.

Kathrin Dardel, Mai 1994

1.
Der Arbeitsplatz und die Ausrüstung

Papierschöpfen ist ein Kunsthandwerk, das sowohl in Bezug auf den Arbeitsplatz wie auch auf die Ausrüstung keine grosse Infrastruktur erfordert. Ein Arbeitsplatz kann grundsätzlich in jeder Wohnung oder in jedem Schulzimmer errichtet werden. Voraussetzung ist nur ein Wasseranschluss. Die Ausrüstung lässt sich – mit Ausnahme etwa des Schöpfrahmens – in jedem Haushalt zusammensuchen. Eine Auswahl an möglichen Ausrüstungsgegenständen ist auf der gegenüberliegenden Seite abgebildet.

Der Arbeitsplatz

Den Arbeitsplatz richtet man am besten in der unmittelbaren Nähe des Wasseranschlusses ein. (Der Papierbrei besteht in der Regel aus neun Teilen Wasser und einem Teil Rohstoff!) Es eignet sich als Arbeitsort die Küche so gut wie das Badezimmer; ideal aber ist im Hausgebrauch die gute alte Waschküche. Da wie dort richten wir uns so ein, dass Wasserquelle, Schöpfbecken und Gautschunterlage in unmittelbarer Nähe voneinander sind. Wegen der günstigen Höhe leistet ein Hocker oder eine Bank als Untersatz für das Schöpfbecken gute Dienste. Für das Abgautschen und das Pressen sollte ein Tuch zur Verfügung sein, das vorläufig vor Nässe geschützt werden muss. Ausserdem muss daran gedacht werden, dass das Papier trocknen muss. Eine Wäscheleine oder ein Wäschetrockner sollte daher in der Nähe Platz finden.

Das ganze Geschehen um das Papierschöpfen wird zu einem besonderen Ereignis, wenn es im Freien durchgeführt werden kann – handwerkliches Erleben vereinigt sich mit Naturgenuss!

Die Ausrüstung

Die Kleidung

Wir haben es beim Papierschöpfen immer mit **Wasser** und sehr oft auch mit Farben und chemischen Substanzen zu tun. Der Umgang mit diesen Mitteln erfordert einen guten Kleiderschutz (Überkleid, Gummischürze). Wer empfindliche Hände hat, trägt Haushalthandschuhe.

Der Schöpfrahmen

Der Schöpfrahmen ist das Herzstück des Papierschöpfens. Kein Schöpfvorgang ohne Schöpfrahmen. Das Grundprinzip des Schöpfens besteht im Aussieben des Papierbreis, d. h. im Schöpfrahmen vollzieht sich die Trennung der festen von den flüssigen Bestandteilen des Papierbreis. Dem Sieb kommt die Funktion des Zurückhaltens der festen und des Durchlassens der flüssigen Bestandteile des Papierbreis zu. Während der **Basisrahmen** (unten) als Träger des Siebes dient, kommt dem **Abdeckrahmen** (oben) die Aufgabe zu, das seitwärtige Wegfliessen der Breiflüssigkeit zu verhindern und einen einigermassen regelmässigen Rand zu gewährleisten. Ohne Abdeckrahmen würden sich die geschöpften Fasern in der Mitte des Siebes sammeln und die Ränder wären unregelmässig und dünn. Schöpfrahmen sind in Hobbyzentren oder Bastelgeschäften erhältlich, sei es fixfertig oder in Bausätzen. Wer wert darauf legt, sich einen Schöpfrahmen selbst zu zimmern, dem empfehlen wir, es mit der einfachsten Machart zu versuchen, die nachfolgend beschrieben wird. Die Eigenherstellung eines Schöpfrahmens, wie er im Handel erhältlich ist, setzt sehr gute handwerkliche Fähigkeiten und präzises Werkzeug voraus. Vor allem das Verzapfen der Rahmenteile ist nicht problemlos.

Bereitstellen:

4 Holzstücke (A) 27 x 3 x 1 cm
4 Holzstücke (B) 15 x 3 x 1 cm
Wasserfester Leim
Leimpinsel
Winkeleisen
Kleine Schrauben
Schraubenzieher
Fliegengitter, 8–10 Maschen pro cm^2, 17 x 23 cm
Schere
Abdeckband
Heftklammern
Nägel
Hammer

1.1 Schöpfrahmen von verschiedenster Grösse.

Anfertigung eines einfachen Schöpfrahmens

Als Holz eignet sich am besten Lärche (wasserresistent), es kommt aber durchaus auch Tanne in Frage. Bei einer angestrebten Papiergrösse A5 benötigen wir 4 Holzstücke (A) 27 x 3 x 1 cm und 4 Holzstücke (B) 15 x 3 x 1 cm. Für jeden der beiden identischen Rahmen benötigen wir je zwei Holzstücke A und zwei Holzstücke B. Diese vier Teile werden stumpf, d.h. ohne dass sie ineinander greifen, verleimt und nach gutem Trocknen durch Winkeleisen oder allenfalls einen Nagel verstärkt. Die beiden Rahmen sollten genau aufeinander passen (Abb. 1.2).

Der Basisrahmen ist nun noch mit dem Schöpfsieb zu versehen. Als Sieb eignet sich am besten Fliegengitter, 8–10 Maschen pro cm^2, aus Aluminium, das im Eisenwarenladen zu bekommen ist. Mit der Haushaltschere wird es auf das Format 17 x 23 cm zugeschnitten und mit Abdeckband von 2 cm Breite zum Schutz gegen Verletzungen und als Abdichtung eingefasst. Beim Befestigen des Siebes mit Heftklammern oder flachen Nägeln ist auf möglichst straffes Anspannen zu achten, und für die Verfertigung der Rahmen sollte nur rostfreies Material gebraucht werden. Die Handhabung eines solch einfachen Schöpfrahmens ist eher anspruchsvoller als die Handhabung von Normalrahmen, bei welchen Basis- und Abdeckrahmen in-

1.2 Material für die Herstellung eines einfachen Schöpfrahmens: Die Ecken sind stumpf verleimt.

einander greifen. Vor allem entscheidend, aber auch erschwerend ist, dass Basis- und Abdeckrahmen mit den Händen fest zusammengepresst werden müssen.

Wer sich mit Holzarbeiten besser auskennt, kann auch selber einen Normal-Rahmen bauen, dessen Teile ineinander greifen und dessen Ecken verzapft sind (Abbildungen 1.3 und 1.4). Die Handhabung dieses Rahmens ist einfacher, weil Abdeck- und Basisrahmen nicht voneinander rutschen und beim Schöpfen also weniger Druck auf die beiden Rahmen gegeben werden muss.

Je grösser der Rahmen, umso stärker ist die Tendenz des Siebes durchzuhängen, wodurch die Regelmässigkeit des Papieres in Frage gestellt ist. Vorbeugend baut man im Basisrahmen sogenannte Stege ein, die das Nachlassen der Siebspannung mindern.

! Rahmen und Sieb sind nach Gebrauch gründlich zu waschen und von allen Rückständen zu befreien. Legen Sie keine festen Gegenstände auf das Sieb, damit es seine Spannung behält.

1.3 Normal-Schöpfrahmen: Die Ecken greifen ineinander und sind verzapft.

1.4 Material für die Herstellung eines Normal-Schöpfrahmens: Die Herstellung ist der Verzapfung wegen anspruchsvoller.

Das Schöpfbecken

Der Schöpfvorgang wird in der sogenannten **Bütte** vorgenommen. Es eignen sich dazu am besten rechteckige Becken aus Kunststoff oder nichtrostendem Metall. Gegebenenfalls genügen aber auch vorhandene Waschbecken, Kinderbadewannen oder Holzbottiche. Nötig ist auf alle Fälle ein genügend grosser Spielraum für das Einfahren und das Herausheben des Schöpfrahmens. Als Regel kann gelten: Längsseite und Breitseite des Beckens sind mindestens 5 cm grösser als Längsseite und Breitseite des Schöpfrahmens. Je mehr Raum zwischen Händen und Bütte ist, desto einfacher ist das Schöpfen.

Die Gautschvorrichtung

Beim Schöpfvorgang bleibt – beabsichtigt – die fasrige Komponente des Papierbreis auf dem Sieb zurück und haftet an demselben. Beim Gautschen wird das Papier vom Sieb gelöst und zur weiteren Bearbeitung freigegeben.

Die Gautschvorrichtung besteht aus einer festen flachen **Unterlage** (Holzbrett, etwas grösser als der Schöpfrahmen) und den **Gautschtüchern,** auf die das geschöpfte Papier durch Druck auf das Sieb übertragen wird. Ein **Schwamm** kann dabei behilflich sein; er dient gleichzeitig dazu, Luftblasen im Papier zu vermeiden. Gautschtücher gewinnen wir aus alten Leintüchern, Wolldecken oder Filz. Wir schneiden sie auf das zur Gautschunterlage passende Mass zurecht oder mindestens 3–4 cm grösser als der Schöpfrahmen. Die Gautschtücher müssen von Zeit zu Zeit gewaschen werden.

Die Presse

Sie hilft dazu, die Fasern des Papiergutes zu verdichten und den Wasserentzug zu beschleunigen und damit die Trocknung voranzubringen. Es eignen sich ganz besonders die früher weit verbreiteten Kopierpressen, aber auch sonst jede Art mobiler Pressen. Wer es einfach haben will, beschafft sich zwei quadratische Bretter mit etwa 40 cm Seitenlänge und 2–3 cm Dicke, möglichst unbeschädigt und unverbogen. Der Druck auf die eingelegten Papierblätter und die Kartons, die wiederum dem Wasserentzug dienen, wird durch Schraubzwingen oder mit Backsteinen erzeugt.

Anstelle von Gautschtüchern können wir auch Windeleinlagen verwenden. Auch sie müssen erst nach mehrmaligem Gebrauch gewaschen werden. !

Übriges Zubehör

Weiter brauchen wir noch eine ganze Reihe von Dingen, von denen die meisten in jedem Haushalt zu finden sind. Das sind:

1–2 **Kunststoffeimer** zum Anrühren des Papierbreis.

Ein **Mixer** zur Verfeinerung von Papierbreien.

Ein **Wäschetrockner** zum Freilufttrocknen von Papieren.

Ein **Bügeleisen** zum Austrocknen und Glätten von Papieren.

Ein **Mehlsieb** zum Auswaschen von Pflanzen und zum Auffangen von überzähligem Papierbrei.

Viele **Kartons**.

! Einmal verfärbte Kartons können beim Herstellen von farbigem Papier verwendet werden.

1.5 Presseinrichtungen, darunter eine Presse aus altem Holz.

2.

Das Schöpfmaterial: Altpapier, Zellulose, Textilien, Pflanzen

Damit Papier entsteht, braucht es eine Masse, **Pulpe** genannt, die sich in Wasser auflösen lässt und sich beim Trocknen wieder zusammenfügt. Als Grundstoffe eignen sich am besten jene Materialien, die von faseriger Beschaffenheit sind, also Textilien, Hölzer und Pflanzen. Während sich die heutige Papier-Grossfabrikation auf das reichlich vorhandene Holz abstützt, hält sich die kunsthandwerkliche Herstellung mit Vorliebe an textile Stoffe und Pflanzen.

Altpapier

Eine besondere Bedeutung hat in neuerer Zeit aus Umweltschutzgründen das **Altpapier** als Rohmaterial für die Herstellung von Recycling-Papier erhalten. Das Ursprungsmaterial des am häufigsten verwendeten Altpapiers ist der Holzschliff, gewonnen durch Zerkleinerung und Auflösung hauptsächlich aus Tannenholz. Holzschliff ist der wichtigste Faserstoff von sogenannten kurzlebigen Papieren wie Zeitungen. Ökologisches Denken hat dazu veranlasst, das in Massen anfallende Altpapier wieder zu verwenden, zu recyclieren, d. h. Altpapiermasse zum Grundstoff einer neuen Generation Papier werden zu lassen. Dass auch im kreativen Prozess des kunsthandwerklichen Papierschöpfens Rohstoff nicht vernichtet, sondern erhalten bleibt, ist angesichts schwindender Ressourcen bemerkenswert und eröffnet neue Perspektiven. Wenn der Anteil handgeschöpften Recyclingpapiers auch verhältnismässig gering ist, so führt der entsprechende Schöpfvorgang besonders eindrücklich in den elementaren Prozess ein.

Wir stellen im folgenden dar, wie die Zubereitung von Zeitungsaltpapier zu einer brauchbaren Schöpfmasse (Pulpe) geschehen soll. Nach gleichem Verfahren können aber auch aus Eierkartons, Computerpapier, Papierfruchtschalen, Zeichenpapier, Weihnachtspapier und dergleichen effektvolle Recyclingpapiere gewonnen werden. Eine Vielzahl von möglichen Papieren ist auf Seite 16 abgebildet. Allfällige Klebestreifen müssen vorab entfernt werden. Glanzpapiere (Illustrierte, Zeitschriften, Prospekte usw.) eignen sich nicht, da sie zu viel Farbe und Chemikalien enthalten, die sich kaum herauslösen lassen.

Das vorhandene Altpapier wird zuerst nach gleicher Beschaffenheit und nach helleren und dunkleren Farben sortiert. Wir beginnen mit Zeitungspapier und zerreissen es in 3–4 cm grosse Stücke und stapeln sie locker in einem Kunststoffeimer (Abb. 2.1). Danach giessen wir so viel Wasser zu, dass sämtliche Papierstücke davon bedeckt sind. Nun lassen wir das Gemisch ruhen – am besten über Nacht – und geben den Fasern Zeit, zu quellen und sich zu lösen.

Um das Verfahren abzukürzen, kann das Gemisch auch während 10–15 Minuten in ei-

Bereitstellen:

Verschiedene Sorten Altpapier
Eimer
Waschpulver
Eventuell eine Pfanne
Mehlsieb
Mixer

ner Pfanne gekocht werden. Fügt man etwas Waschpulver bei, so erreicht man, dass mindestens ein Teil der Druckerschwärze gelöst wird und unser neues Produkt einen helleren Farbton erhält (Abb. 2.3).

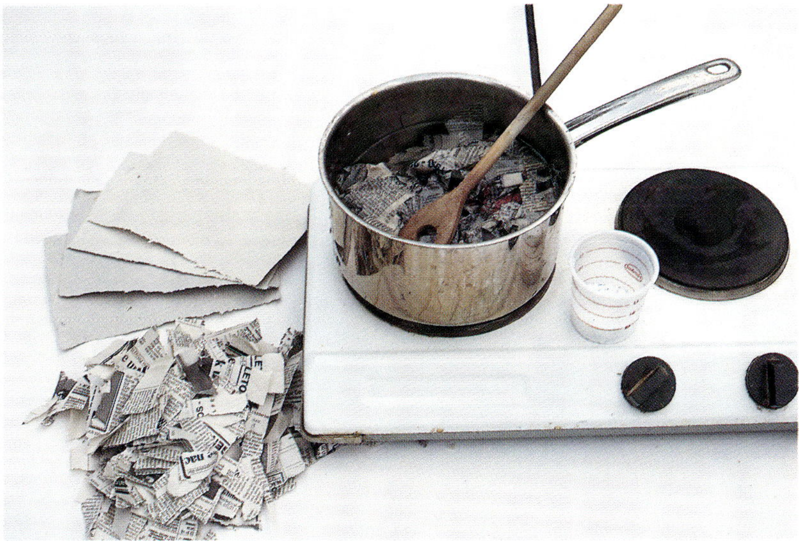

2.3 Papierschnitzel kochen. Die fertigen Papiere zeigen den Farbunterschied, der durch Zugabe von Waschmittel entsteht.

2.1 Papierschnitzel reissen.
2.2 Papierschnitzel wässern.

! Beim Kochen eine genügend grosse Pfanne verwenden, da das Kochgut gerne überläuft.

Um einen noch besseren Effekt zu erreichen, empfiehlt es sich, das Papiergemisch in einem Mehlsieb gründlich auszuwaschen, d.h. von Farb- und Waschmittelresten zu befreien (Abb. 2.4). Ein Liter Papierfetzchen ergibt etwa zwei Liter Papierbrei. Daraus lassen sich 25–30 Blatt Papier A5 gewinnen. Den Farbton des Papieres bestimmen wir durch das Vermischen verschiedenfarbiger Breie.

Als nächstes folgt das Zerkleinern und Verfeinern des Fetzchen-Wassergemisches im Mixer. Wegen der mässigen Leistungsfähigkeit der meisten Mixer soll mit kleinen Portionen gearbeitet werden. Da für die weitere Verarbeitung eine gewisse Griffigkeit der Masse von Vorteil ist, soll die Mixprodezur nur kurz dauern.

Schützen Sie den Mixer-Körper vor Nässe. !

Falls Sie zuviel Papierbrei zubereitet haben, lesen Sie auf Seite 35, wie Sie vorgehen können, damit Sie die Masse nicht wegwerfen müssen. !

Zellulose-Papier

In der **Zellulose** steht den Papierschöpfern ein Material zur Verfügung, das keiner besonderen Zubereitung bedarf

2.4 Papierbrei auswaschen.
2.5 Papier mixen.
2.6 Das Ausgangsmaterial beinflusst die Farbe des Papiers.

und wegen der gleichbleibenden Beschaffenheit leicht zu verarbeiten ist. Zellulose wird (fabrikmässig) aus Holzschnitzeln gewonnen, aus denen durch Kochen und mittels chemischer Substanzen die Zellstoffasern herausgelöst und so vom «Holzigen» (Lignin) befreit werden. Die Zellulose, die so anfällt, ist ein geschmeidiges, flockiges Material und kann in Papierfabriken bezogen werden. Wie die Zellulose aussieht, ist vorne rechts auf der Abbildung von Seite 16 ersichtlich. Gegenüber dem Holzschliff-Papier ist die Vergilbung von Zellulose-Papier weit geringer. Zellulose ist weiss und enthält bereits Leimstoffe, die die Beschreibbarkeit des Papier ermöglichen. Die Pulpe ist sehr einfach vorzubereiten: Die trokkenen Zelluloseflocken werden einfach mit Wasser aufgelöst.

Papier aus Textilien (Hadern)

Als Grundstoff für die Zubereitung von Papierpulpen kommen von ihrer fasrigen Beschaffenheit her auch **textile Gewebe** in Frage. In der Tat wurden schon in der Frühzeit der Papiergeschichte (etwa 2000 v. Chr.) textile Fasern (in oder ohne Verbindung mit pflanzlichen) zur Papiergewinnung verwendet. Heute spielen textile Fasern nur noch bei der Herstellung besonders qualifizierter Papiere (Banknoten, Dokumente usw.) eine Rolle.

Selbst Textil-Papier herzustellen, ist schwierig. Der Aufwand ist sehr gross und das Resultat oft unsicher oder unbefriedigend. Das Hauptproblem besteht im Verkleinern der Textilien, also im Auflösen der Fasern. Dazu braucht es geeignete Stampfwerke, die die Hadern lange (bis zu mehreren Tagen) bearbeiten, bis die Fasern genügend gelöst sind. Solche Stampfwerke sind heute nur noch wenig verbreitet.

Pflanzenpapier

Hat schon der Umgang mit Altpapier-, Zellulose- und Textilpulpe je seinen eigenen Reiz, so schliesst sich mit der Zuwendung zur Pflanzenwelt als Rohstofflieferantin ein Reichtum ohnegleichen auf. Diesem breiten Gebiet wird daher ein eigenes Kapitel (S. 31) gewidmet, in dem auch die Besonderheiten bei der Zubereitung der Pulpen und beim Schöpfen genau beschrieben werden.

3.

Der Schöpfvorgang

Wie so manche handwerkliche Tätigkeit, so ist das Papierschöpfen einfacher Natur. Es geht im wesentlichen darum, mit einem Sieb im Wasser schwebendes Material abzufangen, die auf dem Sieb sich bildende Schicht vom Sieb zu lösen und derselben so viel Wasser als möglich zu entziehen, sie zu trocknen. Die Kunst besteht darin, das leichtflokkige Material so aufzufischen, dass die sich niedersetzende Schicht von durchgehend gleicher Mächtigkeit ist und dass der Transport derselben vom Sieb auf das Gautschtuch ohne Beschädigung vor sich geht.

Vorbereiten

Das Schöpfbecken wird so weit mit Wasser gefüllt, wie es nötig ist, um das bequeme Eintauchen des Schöpfrahmens zu ermöglichen und gleichzeitig das Überschwappen des Wassers zu vermeiden. In der Regel dürfte das Becken etwa zur Hälfte angefüllt sein. Dem Wasser wird nun vorbereiteter Faserbrei zugefügt und mit den Händen gleichmässig mit dem Wasser vermengt. Als Faustregel gilt, dass die Pulpe aus etwa 9 Teilen Wasser und 1 Teil Brei besteht und etwa die Konsistenz der Milch aufweist. Weil das Schöpfgut verhältnismässig schnell absinkt, muss das Gemisch vor jedem Schöpfgang neu aufgerührt werden.

Schöpfen

Es folgt jetzt die wichtigste Phase in der handwerklichen Papiergewinnung, das Schöpfen. Es geht darum, mittels des Siebes im Schöpfrahmen die im Wasser schwebenden Partikel aufzufangen und zwar so, dass sich dieselben auf dem Sieb möglichst gleichmässig niedersetzen und verfilzen. Entscheidend für das gute Gelingen ist die geschickte Handhabung des Schöpfrahmens.

Nachdem wir die beiden Rahmenteile ineinander gefügt haben, stellen wir uns vor der Längsseite der Bütte auf, fassen den Schöpfrahmen fest mit linker und rechter Hand an den Schmalseiten, tauchen damit erst senkrecht (Abb. 3.1), dann waagrecht schöpfend in die Bütte ein, heben die mit Fasern belegte Schöpfform aus der Bütte (3.2), wiegeln zum Ausgleich der Masse den Rahmen etwas hin und her, vor und zurück (Abb. 3.3) und lassen das Wasser abtropfen. Die Bewegungen über der Bütte müssen sehr sorgfältig ausgeführt werden; bei ruckartigem oder hastigem Bewegen verschiebt sich die Fasermasse leicht, und das Papier wird unbrauchbar. In solchen Fällen tauchen wir das Schöpfsieb ohne Abdeckrahmen, Sieb nach unten, in die Pulpe. Das Vlies löst sich vom Sieb, die Fasern verteilen sich wieder im Wasser und sind für weitere Schöpfversuche vollwertig zur Verfügung. Der Schaden hält sich also in Grenzen.

Ist alles gut gegangen, so lässt sich leicht beurteilen, ob unser Schöpfgut die richtige Konsistenz aufweist. Im günstigen Fall scheint das Sieb

Bereitstellen:

Schöpfbecken (Bütte)
Schöpfrahmen
Faserbrei
Gautschunterlage
Gautschtücher
Schwamm
Presse
Kartons
Wäschetrockner

Dünnes Papier zu schöpfen hat seinen besonderen Reiz. Das ist so etwas wie die Nagelprobe des Papierschöpfers. Die Asiaten sind Meister im Herstellen dünnster Papiere.

nicht durch das Vlies hindurch, das Vlies aber erweist sich auch nicht als undurchsichtig. Gerade Anfängerinnen und Anfänger haben oft die Tendenz, zu dicke Papiere zu schöpfen. Die Erfahrung zeigt, welche Mischung zu welcher Papierdicke führt. Stimmt die Mischung nicht, so reichern wir die Pulpe mit Faserbrei an, oder wir verdünnen sie durch Zugabe von Wasser.

Gautschen

Das als tauglich befundene Vlies muss jetzt noch vom Sieb getrennt werden. Als Vorbereitung legen wir eine weiche und saugfähige Unterlage (Wolldecken-, Filz- oder Moltonstück, etwa 35 x 35 cm), belegt mit einem Stück Baumwolltuch oder dergleichen von gleicher Grösse, bereit. Nachdem wir den Abdeckrahmen sorgfältig vom Schöpfsieb weggenommen haben, drehen wir den Basisrahmen um (das Sieb ist nach unten gerichtet) und drücken ihn samt Vlies auf das Baumwolltuch (Abb. 3.4 und 3.5). Mit

3.1 Eintauchen des Schöpfrahmens.
3.2 Herausheben.
3.3 Wiegeln.

einem Schwamm lässt sich quellendes Wasser absaugen und der Druck auf das Vlies ausgleichen. Der Druck darf nicht übertrieben werden, sonst verkrallen sich die Fasern im Sieb.

Ist alles ordnungsgemäss vor sich gegangen, so sollte das Vlies jetzt leicht vom Sieb zu trennen sein (Abb. 3.6 und 3.7). Der eben beschriebene Vorgang des Abdrückens des Vlieses vom Sieb auf das Tuch wird Gautschen genannt, und entsprechend wird von Gautschunterlagen und Gautschtüchern gesprochen.

Nun wird das auf dem Gautschtuch liegende Papier mit einem neuen, trockenen Gautschtuch abgedeckt und auf dieses das nächste Papier gelegt. So lässt sich ein ganzer Stapel Tuch – Papier – Tuch usw., **Pauscht** genannt, bilden.

Löst sich beim Abgautschen das Vlies schlecht vom Sieb, so ist wahrscheinlich die Gautschunterlage zu trocken und muss befeuchtet werden. !

Gautschtücher können, wenn sie nicht färben, zwei- bis dreimal benützt werden, bevor wir sie waschen. !

3.4 Gautschen.
3.5 Andrücken.
3.6 Sieb heben.
3.7 Das Vlies liegt auf dem Gautschtuch.

Pressen und Trocknen

Den Pauscht, bemessen nach der Leistungsfähigkeit und Kapazität der Presse, legen wir in dieselbe ein (Abb. 3.8). Es empfiehlt sich, das letzte Papierstück besonders gut abzudecken und darauf zu achten, dass keinerlei Falten eingepresst werden.

Der Zeitaufwand für das Pressen beträgt im Minimum

3.8 Pauscht pressen.

3.9 Trocknen am Wäscheständer.

15 Minuten, in der Regel aber etwa eine halbe Stunde. Die Papiere, die wir alsdann der Presse entnehmen, gleichen noch immer mehr nassen Lappen als trockenem Papier. Das bedeutet, dass wir um weiteres **Trocknen** bemüht sein müssen. Die einfachste Art ist das Trocknen an der Wäscheleine im Freien. Wir befestigen die Gautschtücher samt den darauf haftenden Papieren an der Leine und überlassen sie Licht und Luft (Abb. 3.9). Bügelfeucht nehmen wir sie ab und übergeben die Papiere, zwischen trockenen Kartons gelagert, erneut der Presse. Das ist die einfachste Art, zu trockenem Papier zu kommen.

Das Trocknen kann aber auch auf folgende Weise geschehen: Wir haben uns mit reichlich Karton oder Fliesspapier, zugeschnitten auf die Grösse des Press-Tisches, eingedeckt. Mit betonter Sorgfalt lösen wir die nassen Papiere vom Gautschtuch (Abb. 3.10) und legen sie je zwischen zwei Kartons oder Fliesspapiere und mit diesen in die Presse. Es ist auch möglich, Papier und Gautschtuch mit der Vorderseite nach unten auf Karton oder Fliesspapier zu stülpen und durch

3.10 Papier vom Gautschtuch lösen.

Die nassen Kartons werden an Luft und Sonne zur Wiederverwertung getrocknet und dann glattgepresst.

Druck von hinten das Papier vom Tuch zu trennen (Abb. 3.11). Haben wir ein ganzes Bündel von Papieren und Kartons (Pauscht) errichtet, so schliessen wir die Presse für einige Stunden und lassen die Kartons oder Fliesspapiere die Feuchtigkeit aufsaugen. Stehen uns genügend Kartons zur Verfügung, so wiederholen wir den Vorgang in der Presse. Sonst aber legen wir die noch feuchten Papiere auf trockener Unterlage an die Luft oder an die Sonne. Je langsamer und gleichmässiger die Trocknung vor sich geht, umso glatter wird das Papier.

Wer es besonders eilig hat, bügelt das zwischen Baumwolltüchern liegende Papier bei mässiger Bügeleisentemperatur trocken. Der Vollständigkeit halber sei noch beigefügt, dass der Press-Trocknungsprozess auf ganz einfache Weise – Papier zwischen zwei Tüchern – auch mit dem Wallholz ausgeführt werden kann.

3.11 Papier auf Karton übertragen und vom Gautschtuch lösen.

4.
Pflanzenpapier – das Besondere

Haben wir uns einmal mit Pflanzen als Rohmaterial eingelassen und uns von deren Vielfalt anregen lassen, so werden wir die verhältnismässig aufwendige Vorarbeit nicht mehr scheuen. Es ist kaum zu glauben, aber es lässt sich aus fast allen mehr oder weniger faserigen Pflanzen Papier gewinnen. Genannt seien lediglich einige der gebräuchlichsten: Brennnesseln – Heu – Maisblätter – Schilf – Gras – Getreidestroh – Kartoffelkraut – Gladiolenblätter – herbstliche Busch- und Baumblätter – Rüstabfälle von Spargeln, Kohl usw. – Rhabarber. Haben wir uns einmal ans Pflanzenschöpfen gemacht, so ist plötzlich keine Pflanze mehr vor unserer Pflanzenküche sicher. Wir haben es in der Hand, durch die Wahl des Pflanzenmaterials und die Art des Präparierens und Verarbeitens eine gewünschte Papierart, -struktur und -qualität zu erreichen. Und dazu erleben wir von dem lebendigen Material her immer wieder neue Überraschungen und Offenbarungen, die unsere Fantasie anregen. So wird hier eigentlich Tür und Tor geöffnet für unbegrenztes kunsthandwerkliches Gestalten, sei es in Richtung von persönlichem **Schreibpapier**, **Papierbildern** oder **Papierobjekten**.

4.1 Pflanzenmaterial.

Der Pflanzenpapierbrei

Bereitstellen:

Pflanzenmaterial
Schere
Pfanne
Soda (Natriumkarbonat, Na_2CO_3)
Mehlsieb
Schlagholz
Eventuell Mixer

Sammeln von Pflanzen

Das Herstellen von Pflanzenpapier beginnt mit dem Einsammeln von geeigneten Pflanzen. Pflanzenmaterial kann während des ganzen Jahres gesammelt und getrocknet werden. In der Regel hält man sich aber an die frischen Pflanzen. Pflanzen sind jetzt unser Rohstoff; wir sollen ihm mit Respekt und Verantwortung begegnen, d. h. wir wollen nur so viel sammeln, wie wir voraussichtlich verarbeiten werden oder wie wir zum Trocknen unterbringen können. Meistens lassen wir uns durch jahreszeitliche Gegebenheiten bestimmen – die schönsten Papiere entstehen aus kräftigen Pflanzen. Kennerinnen und Kenner wissen, dass manche Pflanzenfasern sich im Farbton verändern, je nach Entwicklungsstadium der Pflanze oder sogar je nach der Tageszeit, an der geerntet wird, und sie nützen dies im Spiel mit dem Material aus.

Zur Sammelarbeit sei ferner noch folgendes gesagt: Eine Gärtnerei ist eine ergiebige Quelle von farbspendenden Blüten (Tagetes, Ringelblu men, Kapuziner, Astern usw.). Die Landwirtschaft liefert erstklassiges Pflanzenmaterial (Stroh, Maisblätter, Kartoffelstauden usw.); es empfiehlt sich, sich mit einem Bauern gut zu stellen.

Wer etwas systematisch arbeiten will, notiert sich das Datum des Einsammelns und der Verarbeitung der verschiedenen Pflanzen, klassifiziert das je entstandene Papier und hält Beobachtungen zu Schöpf-Material, Schöpf-Vorgang, Schöpf-Prozess und Schöpf-Ergebnis fest. Diese Arbeit zahlt sich darin aus, dass das Pflanzenpapierschöpfen vom Spiel zum Kunsthandwerk wird, in dem sich Sachbedingungen, Vorstellung, Erfahrung, Geschick und Zufall zu einem Ganzen vereinigen.

Für Pflanzenpapier benötigt man verhältnismässig viel Rohmaterial, wobei es von Pflanze zu Pflanze grosse Unterschiede gibt. Der Pflanzenbedarf kann eher durch Erproben als durch theoretische Angaben ermittelt werden. Als Grundsatz kann gelten: das Material soll im Wasser möglichst frei schweben. Die nun beschriebene Methode gilt für Pflanzenpapier allgemein. Für die Herstellung ganz bestimmter Papiersorten lesen Sie die Anleitungen weiter hinten.

Bei der Zubereitung der Pflanzenpulpe müssen die gesammelten Pflanzen zuerst aufgeschlossen und die fleischigen, nicht fasrigen Teile herausgelöst werden. Das geschieht auf folgende Weise: Das dürre Material wird in möglichst kleine Stücke (2–5 cm) geschnitten (Abb. 4.2) und für ein bis zwei Tage ins Wasser gelegt. Dann geben wir den Brei in eine Pfanne, wobei das Material im Wasser schwimmen soll, und kochen ihn. Es empfiehlt sich, die Pfanne wegen des möglichen Überlaufens nur zur Hälfte zu füllen. Dem kochenden Wasser werden pro Liter 2 Esslöffel Soda beigefügt (Abb. 4.3). **Soda** (Fachbezeichnung: Natriumkarbonat, Na_2CO_3) kann in Drogerien bezogen werden. Den Topfinhalt lassen wir je nach Pflanzenart eine bis zwei Stunden köcheln und rühren ab und zu mit der Holzkelle um. Dürres Pflanzenmaterial benötigt längere Kochzeiten als frisches. Im Anschluss ans

Natürliche Materialien sollen nur in Chromstahl- oder Emailgefässen gekocht werden.

4.2 Pflanzen schneiden.

4.3 Zusetzen von Soda.

! **Überbleibenden Faserbrei sollten Sie möglichst vermeiden. Schütten Sie die Reste auf keinen Fall in die Kanalisation, weil die Gefahr des Verstopfens besteht, sondern filtern Sie sie und bewahren sie – vor Licht und Sonne geschützt – auf. Die Haltbarkeit beträgt etwa 10 bis 14 Tage. Falls der Brei übel zu riechen beginnt, so waschen Sie ihn vor Gebrauch gründlich aus.**
Eine andere Methode: Lassen Sie den Faserbrei auf einem Schöpfsieb eintrocknen. Vor dem erneuten Gebrauch wird die Fasermasse im Wasser aufgelöst und mit dem Schneebesen oder dem Mixer gelockert.
Eine weitere Möglichkeit: Frieren Sie das abgefilterte Fasergut einfach ein.

Kochen muss der Brei im Mehlsieb gründlich ausgewaschen und von den nichtfaserigen Bestandteilen und von der Soda befreit werden. Die zurückbleibende Masse ist unser verwertbarer Pflanzenbrei.

Schlagen der Fasern

Um eine gute Qualität des Papieres zu erreichen, empfiehlt sich intensives Schlagen der Fasern. Die Fasern sind portionenweise auf eine Holz- oder Steinunterlage zu bringen und mit einem Schlagholz (Holzhammer, Stuhlbein oder ähnliches) zu zerstampfen (Abb. 4.4). Je nachhaltiger wir das tun, umso schöner wird unser Papier. Es braucht viel Zeit, bis wir etwa Stroh, Schilf, Brennesseln oder Herbstlaub zu einer Masse mit der richtigen Konsistenz zerkleinert haben, während zum Beispiel Mais, Gras oder Blumenblätter nach nur kurzer Bearbeitung fast von selbst zerfallen. Bei gut vorbereitetem Material kann das Zerfasern auch mit dem Mixer vorgenommen werden, am günstigsten in kleinen Quantitäten und mit viel Wasser.

Schöpfen von Pflanzenpapier

Im Prinzip geht das Pflanzenpapierschöpfen den gleichen Gang wie bei Zellulose und Recyclingmaterial. Im Falle **kurzfaseriger Pflanzen** (Herbstblätter, Gras, Rhabarber, Zwiebelschalen, Lauch, Kohlblätter usw.) wird in der Regel mit einem Gemisch aus Pflanzen-, Zellulose-, und/oder Recyclingmasse gearbeitet, wobei das Mischverhältnis von besonderer Bedeutung für das Ergebnis sein kann.

Langfaserige Pflanzen (Schilf, Stroh, Maisblätter usw.) bedürfen keines Zusatzes, sofern die Zubereitung gründlich erfolgt ist. Die Haftfähigkeit der Fasern ist so stark, dass der Zusammenschluss ohne weiteres gewährleistet ist. Langfaserige Pflan-

4.4 Schlagen von Pflanzenfasern.

zen sind für passionierte Pflanzenschöpfer die attraktivsten; sie liefern die überraschendsten und beeindruckendsten Papierstrukturen.

Bei der Verarbeitung langfaseriger Pflanzen hat sich – in Abweichung vom «normalen» Verfahren – folgendes Vorgehen als besonders günstig ergeben: Wir geben nur so viel Wasser in die Bütte, bis das Schöpfsieb knapp davon bedeckt ist (Abb. 4.5). Dann belegen wir von Hand das Sieb möglichst gleichmässig mit präparierten Pflanzenfasern und steuern sie mit Hilfe des Wassers und des Siebes in die gewünschte Richtung und Lage. Solcherart liegt die Beschaffenheit des erzeugten Papieres wesentlich in der Hand des Werkenden.

4.5 Das Schöpfsieb wird mit Pflanzenfasern belegt.
4.6 Abtropfen.
4.7 Abheben des Abdeckrahmens.
4.8 Sorgfältiges Abgautschen.

Herstellen von Brennessel-Papier

Bereitstellen:

- Nesseln, möglichst zart
- Schere
- 10-l-Eimer
- Grosser Kochtopf
- Holzkelle
- Sieb
- Soda
- Gummihandschuhe

Gautschen

Das Abgautschen von Pflanzenpapieren ist heikler als etwa beim Zellulosepapier. Pflanzenmaterial ist bedeutend rascher entwässert und krallt sich leicht am Sieb fest. Die Folge ist, dass es nicht gelingt, das Vlies schadenfrei vom Sieb zu lösen – das Papier ist unbrauchbar. Demzufolge sollte rasch gearbeitet und auf den Schwamm verzichtet werden.

Trocknen wir Pflanzenpapiere an der Luft, dann muss mit einer gewissen Einbusse an Farbintensität gerechnet werden. Demgegenüber entstehen aus der Pflanzenmasse rasch plastische Gebilde, die grossen Reiz haben.

Brennessel-Papier

Die sonst als böses Unkraut geächtete Brennessel kann als Liebling der Papierschöpfer bezeichnet werden. Ein olivgrünes, zähes und trotzdem durchsichtig-feines Papier entsteht vor allem aus den Fasern der Stengel. Die Pflanze kann während der ganzen Wachstumszeit geschnitten werden. Getrocknet wird sie auch im Winter verarbeitet.

Wir schneiden die Nesseln in 2–5 cm lange Stücke und füllen sie locker bis etwa zur halben Höhe in den Eimer ein. Dann giessen wir etwa 5 Liter Wasser dazu. Alles wird im Kochtopf aufgekocht und 100 Gramm Soda beigefügt.

4.9 Nessel-Papier aus getrockneten Nesseln.

Während 30–45 Minuten lassen wir die Pflanzen leicht kochen und rühren gelegentlich mit der Kelle um. Als Probe für eine genügende Kochzeit gilt: Zerfallen die Pflanzen beim Zerreiben zwischen den Fingern, so ist das Kochgut zum Auswaschen bereit. Das Pflanzengut spülen wir im Sieb portionenweise intensiv durch. Zum Verfeinern nehmen wir den Mixer oder das Schlagholz zu Hilfe.

Aus dem verarbeiteten Pflanzenbrei lassen sich 25–30 Blätter Papier A5 gwinnen. Die genaue Anzahl ist von der Dicke des Papieres abhängig.

Ein besonders feines Papier gibt es aus den Fasern der ausgewachsenen Pflanze. Dazu gehen wir folgendermassen vor: Die Stengel werden ohne Laub im Sodasud gekocht. Danach ziehen wir die Fasern vom Stengel ab

4.10 Nessel-Papier aus frischen Nesseln.

Herstellen von Blätter-Papier

Bereitstellen:

- 3 Handvoll trockene Blätter
- Kochtopf
- Holzkelle
- Sieb
- Mixer
- Zellulose

4.11 Blätter-Papier.

und waschen sie gründlich aus. Falls es nötig ist, zerkleinern wir die wie Seide glänzenden Fäden mit der Schere. Nun können wir mit dem Schöpfen beginnen.

Blätter-Papier

Blätter sind natürlich vor allem in der Zeit des Verfärbens, also im Herbst, für die Papierschöpfer interessant. Vergessen wir aber nicht, dass auch das Normalkleid mancher Büsche und Bäume sehr farbintensiv ist und genutzt werden kann.

Die dürren Blätter zerreiben wir mit den Händen und beseitigen die Blattstengel. Dieses «Laubpulver» schütten wir ins Wasser und lassen es ruhen. Die Masse wird in etwa 3 l frischem Wasser während

etwa 30 Minuten gekocht. Dann mixen wir und lassen abkalten. Wir vermischen den Blätterbrei im Verhältnis 1:5 mit Zellulose, damit das Papier nicht auseinanderfallen wird, und beginnen zu schöpfen.

4.12 Stroh-Papier.

Stroh-Papier

Aus Stroh gewinnen wir ein bezauberndes Papier, dessen Teile wie goldene Fäden erscheinen und dem Papier einen wundervollen Glanz geben. Je nach Zubereitung gelingt es uns, hauchdünnes Papier herzustellen. Stroh erhalten wir nach der Ernte frisch vom Feld oder dann auf dem Bauernhof.

Wir schneiden das Stroh in 2–5 cm lange Stücke, füllen einen Eimer bis zur halben Höhe und übergiessen es mit Wasser. Über Nacht lassen wir das Stroh ruhen. Als nächstes sieben wir die Strohmasse ab und entwässern und reinigen sie. In einem grossen Kochtopf bringen wir 5 l Wasser zum Kochen, legen das Stroh ein und fügen pro Liter Wasser 20 Gramm Soda bei. Wäh-

Herstellen von Stroh-Papier

Bereitstellen:

30-l-Sack mit Stroh
Schere
10-l-Eimer
10-l-Kochtopf
Holzkelle
Sieb oder Salatsieb
Soda
Gummihandschuhe

! Allzu lange Fasern können den Mixer stillegen.

rend 1 1/2–2 Stunden wird alles bei gelegentlichem Umrühren mit der Holzkelle leicht gekocht. Achten Sie darauf, dass das Stroh immer im Sud liegt.

Breiprobe: Das Stroh wird zwischen den Fingern zerrieben. Fällt es leicht auseinander, so ist der Strohbrei für den nächsten Schritt bereit. Der Brei wird im Haushaltsieb oder Salatsieb abgefiltert und mit frischem Wasser durchgespült, damit nichtfaserige Pflanzenteile ausgesondert werden. Wichtig ist dabei auch, dass die Soda ausgewaschen wird. Achtung: Schützen Sie Augen und Hände vor Sodaeinwirkung. Verfeinern Sie den Brei portionenweise im Mixer oder durch Schlagen auf dem Holzbrett. Aus etwa 5 Litern Strohmasse resultieren 25–30 Blatt Papier A5. Überzähligem Strohbrei kann Zellulosebrei zugemengt werden. Auch so entsteht apartes Papier.

4.13 Links im Bild: Stroh-Papier kombiniert mit Zellulose.

Gras-Papier

Keine andere Pflanze ist so kräftig grün wie das kurzfaserige Gras. Auch nach der Verarbeitung bleibt das natürliche Grün weitgehend erhalten. Im Zusammenspiel mit Zellulose wirkt Gras lebendig und dekorativ.

Das Gras sollte unmittelbar vor dem Gebrauch beschafft werden. Wir schneiden es auf 2–5 cm Länge und kochen es 10–15 Minuten. Dann wird der Grasbrei gemixt und mit Zellulosebrei vermischt (1 Teil Gras, 5 Teile Zellulose). Es kann geschöpft werden.

Als mögliche und kürzere Varianten empfehlen sich folgende Verfahren: Der Grasbrei kann einerseits auch ohne Zugabe von Zellulose

Herstellen von Gras-Papier

Bereitstellen:

3 Handvoll Gras
Schere
Kochtopf
Holzkelle
Mixer
Zellulose

4.14 Gras-Papier.

Herstellen von Mais-Papier

Bereitstellen:

- 4 Handvoll Maisblätter
- Pfanne
- Holzkelle
- Soda
- Sieb
- Eventuell Mixer

4.15 Mais-Papier.

verarbeitet werden, oder andererseits wird das Gras zerkleinert, mit Zellulosebrei vermischt, aber nicht gekocht.

Mais-Papier

Mais-Papier gehört zu den schönsten Pflanzenpapieren; es ist hinsichtlich Farblichkeit und Strukturierung aussergewöhnlich. Von der imposanten Maispflanze eignen sich die Blätter am besten, die die Frucht (Kolben) umschliessen. Es fallen aber auch durchaus die andern Pflanzenteile in Betracht. Wir gewinnen die Maisblätter zur Zeit der Reife der Pflanze.

4 Handvoll Maismaterial werden über Nacht in 4–5 l Wasser eingelegt. Unter Zu-

gabe von 20 Gramm Soda pro Liter Wasser kochen wir die Fasern 45–60 Minuten. Breiprobe: Wir kochen, bis die Pflanzenteile gut zerfallen. Im Haushaltsieb filtern wir den Brei und waschen ihn portionenweise gründlich aus. Wenn eine Verfeinerung erwünscht ist, kann der Brei gemixt oder auf dem Holzbrett geschlagen werden. Wir können schöpfen.

Die bearbeitete Menge ergibt 6–8 Blätter Papier A5. Maisfasern können gut auch mit Recycling- oder Zellulosefasern kombiniert werden.

Tapa-Papier

Unser einheimisches Tapa-Papier ist eine Abwandlung des aus Ägypten, Mexiko und Indonesien bekannten Tapa, das dort aus Rinde, Bast und/oder Gräsern (Papyrus) hergestellt wird. Tapa hebt sich in Farbe und Struktur von gewohntem Pflanzenpapier ab und ähnelt sehr textilen Bildern. Es ist eine Art Zwischenform. Die Herstellung weicht vom bisher behandelten Papierschöpfen ab: Die Fasern werden geschlagen, neue wieder aufgeschichtet, weitergeschlagen, bis sich alle Fasern verfilzen und so eine Festigkeit erhalten. Wie anders Tapa ist, zeigt die Tatsache, dass in Indonesien daraus zum Beispiel Kleider gemacht werden. Das Tapa-Papier, das hier vorgeschlagen wird, ist besonders für spielerisches Gestalten geeignet.

Wir geben 3 Handvoll Stroh-, Mais- oder Schilfmasse in einen Eimer. Frisches Gras, Blätter, Blumen und Rinde werden für einige Stunden ins Wasser gelegt. Wir schichten eine Handvoll faseriger Pflanzen (z.B. Stroh) kreuzweise auf das Holzbrett und schlagen gleichmässig mit dem Schlagholz, bis sich die Fasern verbunden haben. Jetzt geben wir nasse Pflanzen (Gras, Blätter usw.) abwechslungs-

Herstellen von Tapa-Papier

Bereitstellen:

3 Handvoll gekochtes, ungemixtes Stroh, Mais oder Schilf
Frisches Gras, Blätter, Blumen, Rindenstücke
Holzbrett
Schlagholz
Schürze

4.16 Material für das Tapa-Papier.

weise dazu und schlagen kräftig. Sind alle Pflanzen richtig «verfilzt», so kann das Vlies mit Blumen und dergleichen dekoriert werden. Dann stellen wird das Brett so zum Trocknen, dass das Wasser abfliessen kann. Das Papier wird mit einem Messer oder einem Spachtel abgelöst und ganz ausgetrocknet. Allenfalls nehmen wir die Presse zu Hilfe.

4.17 Tapa-Papier.

5.
Färben

Man hat davon auszugehen, dass fast jeder Papierbrei mehr oder weniger «farbig» ist. Zellulose ist nicht farblos, Recyclierbrei nicht und schon gar nicht sind es die Pflanzenmassen. Färben ist darum eigentlich immer ein Um-Färben und sozusagen ein sekundärer Prozess beim Papierschöpfen. Man kann, um es einfach zu sagen, auch ohne zu färben Papier schöpfen.

Anfängern und Wissbegierigen ist zu empfehlen, zunächst ausgiebig ohne Färben zu schöpfen und vergleichende Beobachtungen hinsichtlich der Farblichkeit der Papiere und der Papierbreie anzustellen. Beachten Sie: Nasse Massen sind immer dunkler als trockene. Und: Ungefärbte Papiere sind durch zurückhaltend-blässliche Natürlichkeit ausgezeichnet. Anregung: Stellen Sie eine «Musterkollektion» mit Abstufungen nach Helligkeit her.

Will man es nicht bei den breieigenen Farben bewenden lassen, so haben wir die Möglichkeit, dem Faserbrei natürliche oder künstliche Farbe beizumischen.

Färben mit Pflanzen und natürlichen Farben

Dass vor allem gewisse Pflanzen besonders intensiven Farbstoff enthalten und sich fürs Färben ausgezeichnet eignen, weiss man seit frühester Zeit.

Beispiele:

Tagetes	**gelb**
Krapp	**rot**
Indigo	**blau**

Das Arsenal an natürlichen Farben ist aber unermesslich, und wer Spass daran hat, kann aus «Kraut und Rüben» Farben hervorzaubern und durch sie die Palette farbiger Papiere erweitern. Viele natürliche Farbstoffe sind im Handel erhältlich und in ihrer Anwendung sehr einfach. Blau- und Rotholz eignen sich sehr gut, aber auch mit Kaffee- und Teesatz können interessante Färbungen entstehen. Farne, Flechten und Rinden geben zum Teil sehr starke Farben ab, müssen allerdings zuerst aufbereitet werden, damit der Farbstoff herausgelöst wird. Papier kann mit allen Farben gefärbt werden, die auch für das Fär-

5.1 Natürliche Farbstoffe.

ben von Textilien gebraucht werden. Falls Sie grossen Spass am Färben mit natürlichen Materialien haben, lohnt sich vielleicht die Anschaffung eines Buches über das Färben von Textilien, dessen Informationen Sie gut auf das Papier anwenden können.

Färben mit Tagetes

2 Handvoll Tagetesblüten werden in einem Liter Wasser etwa 30 Minuten geköchelt. Dann kann der Farbsud abgefiltert werden. Der Zellulosebrei wird im Farbbad aufgekocht und stehen gelassen. Dann kann gelbes Papier geschöpft werden.

Variante: Die Tagetesblüten werden direkt nach dem Kochen der Zellulose beigemischt.

Färben mit Zwiebelschalen

Wir zermörsern oder zerkleinern mit den Händen 2 Handvoll Zwiebelschalen. In einem Liter Wasser wird alles etwa 35–45 Minuten geköchelt. Dann filtern wir die Brühe ab und lassen sie unter gelegentlichem Umrühren stehen. Die Farbbrühe wird der Zellulose beigemengt.

Variante: Zwiebelschalen kochen, mixen und der Zellulose zufügen. Schöpfen.

Das gleiche Verfahren empfiehlt sich auch für das Färben mit Rotholz, Blauholz, Krapp und Gelbwurz.

Anstelle von Zellulose kann durchaus auch Recyclingbrei verwendet werden.

Färben mit künstlichen Farben

Ebenfalls unbegrenzte Möglichkeiten im Farbbereich hat uns die **chemische Industrie** beschert. Allüberall, wo wir es mit Papier zu tun haben (Zeitungen, Prospekte, Gebrauchs- und Schreibpapier usw.), begegnen wir den Spuren der Farbindustrie. So wie in der industriellen Papierfabrikation dient die Farbe auch der kreativen, handwerklichen Schöpfung von Papier.

Es sei hier auch auf die parallele Situation im Textilbereich hingewiesen. Auch dort stehen uns natürliche und künstliche Farben in unbegrenzter Auswahl zur Verfügung, z. T. sind es dieselben.

5.2 Färben mit Tagetes.

5.3 Färben mit Zwiebelschalen.

5.4 Färben mit Blau- und Rotholz, Gelbwurz und Malvenblüten.

Färben mit Batikfarben und Plakat- oder Wasserfarben

Im Bereich des handwerklichen Papierschöpfens haben sich die **Batikfarben** und die **Plakat-** oder **Wasserfarben** als besonders geeignet erwiesen. Es bietet sich uns eine Fülle von Farben an, die uns freies Spiel mit ihnen gewähren.

Batikfarben wirken sehr intensiv und müssen sparsam angewendet werden. Daher sind es auch sehr ergiebige Farben. Die Handhabung geschieht so, dass verhältnismässig wenig Farbpulver in heissem Wasser aufgelöst und dem gemixten Faserbrei beigefügt wird. Das auf dem Beutel angegebene Mengenverhältnis vermag eine Idee von der nötigen Dosierung zu geben. Tendenziell ist aber zu einer schwächeren als der angegebenen Dosierung zu raten.

Plakat- und Wasserfarben haben dagegen nur eine schwach tönende Wirkung. Wir brauchen eher viel Farbstoff, um die gewünschte Farbintensität zu erhalten. Dem Faserbrei wird die Farbe direkt zugegeben und mit diesem intensiv vermengt.

Nochmals sei darauf hingewiesen, dass beim Trocknen die Intensität der Farbe nachlässt. Sucht man einen bestimmten Farbton zu erreichen, so ist der **Nachhellungsvorgang** einzukalkulieren. Eine anspruchsvolle Sache!

Färben mit «Recycling-Farben»

Papierfarbe gibt es nicht nur in Reinkultur; sie kann auch aus dem Anwendungsbereich gewonnen werden, so etwa, wenn farbiges Papier für die Wiederverwertung aufbereitet wird. Aus dem Kunterbunt der Farben entsteht eine neue, manchmal überraschend ansprechende Farbe. Wir färben also unser neues Papier mit bereits farbigem Papier. Sehr gut eignen sich Papierservietten oder buntes Zeichenpapier und ähnliches. Das Vorgehen ist äusserst einfach: Dem Faserbrei wird gefetztes farbiges Papier beigemengt und alles zusammen gemixt. Nun können wir schönes Papier mit zum Teil starken Farben schöpfen.

5.5 Färben mit buntem Altpapier und mit Tee- und Kaffeesatz.

5.6 Färben mit Batikfarben und Plakat- oder Wasserfarben.

KD

6.
Wasserzeichen

Jedes handgeschöpfte Papier ist etwas Originales. Es kann durch ein Wasserzeichen zu etwas sehr Persönlichem aufgewertet werden. Sehr oft sind es die Initialen des eigenen Namens, die wir eingiessen und sehr oft eine Symbolfigur, die uns etwas Besonderes bedeutet. Es kann aber auch irgendeine Fantasiefigur sein.

Herstellen eines Wasserzeichens

Es empfiehlt sich, die gewünschte Figur auf Papier aufzuzeichnen und sie dann mit Draht nachzuformen. Überschneidungen sind zu vermeiden. Es ist zu bedenken, dass die Figur beim Abgautschen spiegelverkehrt erscheint.

Das Drahtgebilde wird am bevorzugten Ort aufs Schöpfsieb gelegt und mittels Klebestreifen flachgehalten. Daraufhin wird es mit wenigen Stichen am Schöpfsieb befestigt (Abb. 6.2) und wieder von den Klebestreifen befreit. Das Schöpfen kann beginnen.

Bereitstellen:

Nichtrostender Draht, 0,5–1 mm, Kupfer, Silber oder Messing
Flachzänglein (zum Formen des Drahtes)
Klemmzange (zum Abschneiden des Drahtes)
Klebestreifen
Nähnadel
starker Faden

6.1 Zubehör für das Herstellen von Wasserzeichen.

6.2 Wasserzeichen aufnähen.

6.3 Wasserzeichen im Papier.

7.
Schreibpapier und allerlei Nützliches

Das Be-Schreiben war von Beginn an (China, 100 Jahre v. Chr.) eigentlicher Verwendungszweck des Papiers. Der Anteil des zu beschreibenden Papiers ist nach wie vor erheblich (Zeitungen, Bücher, Computer etc.). Einen kleinen Raum nimmt heute **Schreibpapier** im eigentlichen Sinne ein: Handgeschriebenes wird immer seltener. Da bietet sich dem Papier-Liebhaber eine interessante Nische an; er kann sich nicht nur durch seine Handschrift mitteilen, sondern auch durch das selbstgefertigte Papier. Handgeschöpftes Papier kann problemlos als Schreibpapier gebraucht werden. Die Eignung hängt davon ab, ob das Papier genügend «verleimt» ist. Bei Recycling- und Zellulosepapier kann dies wegen der früheren Zubereitung vorausgesetzt werden. Papiere aus Pflanzen- und Baumwollfasern (englisch Linters) bedürfen der Imprägnierung. Dies kann geschehen durch Beifügen von Dispersionsleim zum Faserbrei (etwa 2 Esslöffel auf 1 Liter Brei), durch Besprühen des trockenen Papiers mit Stärke oder Bestreichen desselben mit aufgelöster Haushaltgelatine. Nicht tintensicheres Papier kann als schmückende Hülle von beschriebenem Papier verwendet werden.

Fast schon ein Geschenk ist ein **Brief mit einem selbstgeschöpften Umschlag**. Wir gehen wie folgt vor: Auf ein Schöpfsieb (Papiergrösse A4) legen wir einen vollständig auseinandergebreiteten Umschlag des Formates C5. Dessen Rand entlang nähen wir mit wenigen Stichen feinen Draht auf (wie beim Wasserzeichen), beseitigen den Musterumschlag und schöpfen. Der Draht markiert uns den Umriss des neuen Umschlages und verhilft zu einem Büttenrand rundum.

Aus selbstgeschöpftem Papier können auch allerlei andere nützliche Dinge entstehen, die in sich einen grossen Reiz enthalten. Wir stellen zum Beispiel Verpackungen wie kleine Schachteln oder Tüten her. Gefaltete oder verformte Papiere können als Dekorationselemente an verschiedensten Orten eingesetzt werden. Das Geschenk eines kleinen Buches aus selbstgeschöpftem Papier wird immer Freude bereiten. Der Fantasie sind keine Grenzen gesetzt.

Schneiden Sie handgeschöpftes Papier nie mit der Schere. Statt dessen empfiehlt es sich, das Papierstück mit dem Falzbein zu falten und dem Falt entlang sorgfältig zu reissen. Oder aber Sie durchtrennen das noch feuchte Papier mit einem nassen Wollfaden. Eine weitere Möglichkeit besteht auch im Einschöpfen von Fäden. Mit Hilfe dieser Fäden kann das Papier leicht gerissen werden.

7.1 Der Schöpfrahmen mit aufgenähtem Musterumschlag.

7.2 Schreibpapier und Briefumschläge.

7.3 Grusskarten.

7.4 Verpackungsmaterial: Tüten und Schachteln.

7.5 Dekorationen.

7.6 Einfache Bücher
aus selbstgeschöpftem Papier.

8.
Gestalten

Der Schöpfvorgang muss nicht darauf beschränkt bleiben, vorgefertigten Faserbrei zu entwässern; die Situation gestattet, durch Zufügen weiterer Materialien, durch besondere Einwirkungen auf das Vlies oder andere Manipulationen unbegrenzte Schöpfmöglichkeiten zu schaffen. Wir bewegen uns vom Papier auf das Papier-Bild zu.

Schöpfen von zwei- oder mehrfarbigem Papier

Wir stellen verschiedenfarbige, möglichst kontrastierende Pulpen bereit. Den Schöpfrahmen tauchen wir in eine erste Pulpe so ein, dass nur so viel der Siebfläche bedeckt wird, als wir der betreffenden Farbe zuordnen wollen. Das Sieb drehen wir dann um 180 Grad und wiederholen denselben Vorgang auf der leeren Seite des Siebes mit einer andersfarbigen Pulpe (Abb. 8.1).

Ein etwas anderes Verfahren besteht darin, einen ersten Streifen abzugautschen, also vom Sieb zu lösen, einen nächsten Streifen auf dieselbe Art herzustellen und ihn dem ersten überlappend anzugautschen. Dieser Vorgang kann nach Belieben fortgesetzt werden, womit wir beim mehrfarbigen Papier angelangt wären.

Als Nebengewinn ergibt dieses Verfahren Freiheit in der Format-Gestaltung des Papieres. Es ist uns unbenommen, die verschiedenen Teile in beliebiger Weise zusammenzufügen.

8.1 Mehrfarbiges Papier.

Einschöpfen von Zugaben

Mit Zugaben sind allerlei Elemente gemeint, die ins Papier integriert werden können: Fäden, Stoffstücke, Konfetti, gepresste Blumen, Gräser, Samen, getrocknete Blütenblätter, Rindenstücke und dergleichen mehr (Abb. 8.2–8.10). Die Beigabe in die Pulpe kann kurz vor dem Schöpfen erfolgen. Auf diese Weise ergeben sich interessante, zufällige Streumuster im geschöpften Papier. Etwas mehr steuern können wir den Prozess, wenn wir die Beigaben ins bereits geschöpfte Papier einstreuen. Die eigene «Handschrift» wird so deutlicher.

Eine besondere Wirkung wird dadurch erzielt, dass das gefertigte Bild einem weiteren Schöpfgang unterzogen wird. Das Beigabematerial wird solcherweise eingehüllt und im Papier zweifach integriert. Solches Doppelpapier ist von besonderem Reiz, wenn die Papierschichten betont dünn und in hellen Tönen gehalten werden (ans Licht halten!) (Abb. 8.6).

8.2 Einschöpfen von Blumenblättern.

8.3 Einschöpfen von Samen.
8.4 Einschöpfen von Holz.

8.5 Einschöpfen von verschiedenen Materialien.

8.6 Doppelpapier mit Pflanzen.

Beinahe raffiniert ist folgendes Vorgehen: Auf ein abgegautschtes Papier werden Woll- und Seidenfäden gelegt, deren Enden über den Papierrand hinaus reichen (Abb. 8.7). Darüber wird ein zweites, andersfarbiges Papier gegautscht (Abb. 8.8) und das ganze Paket gepresst. Danach werden die Fäden vorsichtig herausgezogen (Abb. 8.9) und damit die obere Papierschicht geöffnet: Die Fäden hinterlassen spannende Spuren!

8.7 Doppelpapier mit Fadeneinlage: Der Faden wird auf das erste Papier gelegt.

8.8 Das zweite Papier bedeckt den eingelegten Faden.

8.9 Der Faden wird herausgezogen und hinterlässt eine Spur.

8.10 Doppelpapier mit Fadeneinlage.

Prägedruck

Das noch feuchte Vlies, vor allem wenn es etwas massig ist, vermag die verschiedensten «Einlagen» zu integrieren, insbesondere dann, wenn diese durch Druck eingeprägt werden. Auf das geschöpfte Papier können Schnüre, Spitzen, markant strukturierte Stoffstücke, Nägel, Ringe und ähnliches gelegt und eingepresst werden (Abb. 8.11–8.14). Beim Pressen im Pauscht ist darauf zu achten, dass die einzelnen Schichten mit Woll-lappen oder Zeitungen gut gegeneinander abgefedert sind. In der Wahl der Einlagen und ihrer Einfügung in ein Papierbild wird sich rasch einmal der Kunstsinn des Papierers oder der Papiererin offenbaren.

8.11 Prägedruck mit Spitze.

Vom Prägedruck wird insbesondere auch gesprochen, wenn noch feuchte Vliese auf stark strukturierte Unterlagen wie Stein, Holz, Jute oder Stoffe gepresst werden (Abb. 8.15). Vor dem Loslösen von der Unterlage sollte man das Papier gut trocknen lassen.

8.12 Prägedruck mit Schnur.

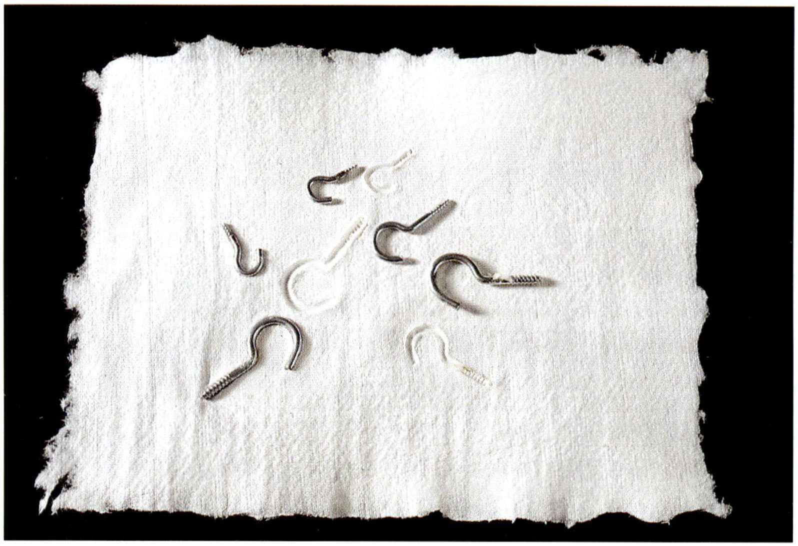

8.13 Prägedruck mit Metall.

8.14 Prägedruck mit Textilgewebe.

8.15 Prägedruck auf Holz.

Positiv- und Negativformen

Durch Aussparen und Einfügen von Flächenteilen ergeben sich einige besondere Möglichkeiten.

Ein Passepartout beispielsweise gewinnen wir, wenn wir die Mittelpartie eines Schöpfsiebes mit einem Stück Holz, Karton oder Metall bedecken, es fixieren und den Siebrest abgautschen. So entsteht das gewünschte Fenster mit schönem Büttenrand (Abb. 8.16).

Die Umkehrung geschieht so: Ein Stück Laubsägeholz, Karton oder Kunststoff wird

8.16 Formen für das Herstellen von Passepartouts.

8.17 Passepartout.

8.18 Miniaturbild im Passepartout.

auf die Rahmengrösse zugeschnitten. Daraus wird ein beliebiges Sujet herausgesägt oder -geschnitten und der Rest auf das Sieb gelegt. Beim Gautschen bleibt das gewünschte Sujet zurück (Abb. 8.19).

Jedes Stück handgeschöpften Papiers ist Ausdruck von Eigenheit des Materials und des Papierschaffenden. Durch die Hand des werkenden Menschen wird aus dem Rohstoff ein Werkstück gefertigt. Handgeschöpftes Papier fordert wegen seiner Vielfalt zum Gestalten geradezu heraus. In der Regel beginnt der Weg mit der intensiven Auseinandersetzung mit den verschiedenen Rohmaterialien und ihren Kombinationsmöglichkeiten. Schon bald wird die Verwendbarkeit eine Rolle spielen und den Anreiz geben, Applikationen zu erfinden. So wird man etwa Papierblätter bemalen und sich von der besonderen Wirkung überraschen lassen. Oder: Handpapier wird zum **Geschenkpapier** und lässt sich zu kleinen Schachteln und Beuteln formen.Von besonderem Reiz aber sind **Papiercollagen**; sie lassen der Fantasie freien Lauf und ermöglichen bildhafte Wirkung. Eine weitere Stufe erklimmen wir beim Formen von Handpapier zu **Objekten**. Die Skala reicht da vom aufgeschlagenen **Buch** bis zum respektablen **Raum-Gebilde**. Handpapier ist wahrlich ein Zauberstoff!

8.19 Schöpfen eines ausgeschnittenen Sujets.

8.20 Besticktes Papier.
8.21 Papierstück aus Baumwolle.

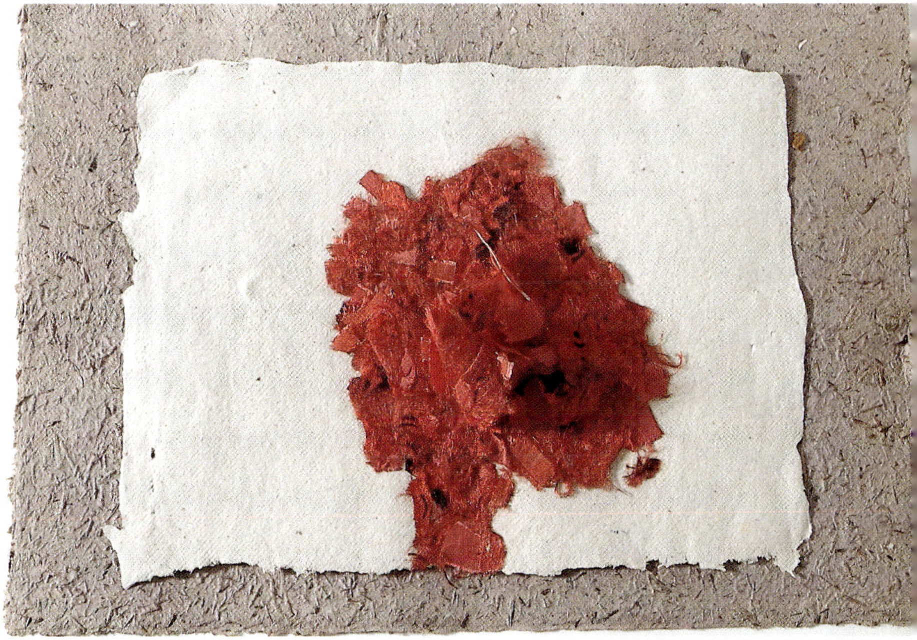

8.22 Papierstück aus Seide.

8.23 Papierbilder.

8.24 Papierbild, mit Holz kombiniert.

8.25 Offenes Buch aus Pflanzenpapier.

8.26 Röhrengebilde aus Stroh, 70 cm hoch.

8.27 Bemaltes Röhrengebilde aus Pflanzen und Zellulose, 70 cm hoch.

8.28 «Urwuchs», Gebilde aus Zellulose und Hanf, 100 cm hoch.

Sachregister